MANDARIN
PICTURE WORD BOOK

Ling Li

Illustrated by
Barbara Steadman

DOVER PUBLICATIONS, INC.
Mineola, New York

niǎo wū
鸟屋

shù
树

liàng yī shéng
晾衣夹

xíng rén dào
行人道

liàng yī jiā
晾衣绳

duǎn kù
短裤

zhà lán
栅栏

niǎo
鸟

nèi yī
内衣

wà zi
袜子

kù zi
裤子

yù niǎo pén
浴鸟盆

cǎo dì
草地

māo
猫

liàng yī gān
晾衣杆

zhǐ bēi
纸杯

zhǐ dié
纸碟

wán jù xióng
玩具熊

yě cān zhuō
野餐桌

huā
花

píng guǒ
苹果

cháng dèng
长凳

tù zi
兔子

2   野餐 yě cān

níng méng shuǐ
柠檬水

pén zāi
盆栽

hòu liáng tái
后凉台

sǎ shuǐ tǒng
洒水桶

xiǎo jìng
小径

shuǐ lóng ruǎn guǎn
水龙软管

lā jī tǒng
垃圾桶

yù mǐ
玉米

bǐng gān
饼干

shāo kǎo lú
烧烤炉

cài yuán
菜园

shēng cài
生菜

3

fēng chē
风车

shù mù
树木

liáng cǎo cāng
粮草仓

zhuāng jia
庄稼

nóng shè
农舍

mián yáng
绵羊

xiǎo wū
小屋

zhá mén
闸门

shí qiáng
石墙

dú lún chē
独轮车

gǒu
狗

mǔ yáng
母羊

mù chǎng
牧场

mǔ niú
母牛

yáng gāo
羊羔

wū yā
乌鸦

zhà lán
栅栏

xiǎo niú
小牛

māo
猫

nǚ hái
女孩

4

fēng biāo
风标

guǒ yuán
果园

gǔ cāng
谷仓

gān cǎo fáng
干草房

tī zi
梯子

shān yáng
山羊

sì liào cáo
饲料槽

nóng fū
农夫

tuō lā jī
拖拉机

gān cǎo chā
干草叉

zhū
猪

mǎ
马

gōng jī
公鸡

qīng wā
青蛙

mǔ jī
母鸡

yā zi
鸭子

chí táng
池塘

在农场 zài nóng chǎng   5

6　我的小镇　wǒ de xiǎo zhèn

shù mù
树木

xiǎo lù
小路

gōng yuán
公园

diāo xiàng
雕像

lù
路

chǒng wù zhěn suǒ
宠物诊所

fáng hù zhà lán
防护栅栏

jiào táng
教堂

shū diàn
书店

fú zhuāng diàn
服装店

jiē dào
街道

lóu dǐng
楼顶

tíng chē chǎng
停车场

qì chē
汽车

yín háng
银行

yào fáng
药房

miàn bāo diàn
面包店

fà láng
发廊

tí kuǎn jī
提款机

xiāo fáng shuān
消防栓

hua pǔ
花圃

7

hóu zi
猴子

dà xīng xing
大猩猩

shān dòng
山洞

dà xiàng
大象

bān mǎ
斑马

cháng jǐng lù
长颈鹿

shé
蛇

è yú
鳄鱼

8

lǎo hǔ 老虎

xióng 熊

niǎo 鸟

líng yáng 羚羊

shù 树

qì qiú 气球

shī zi 狮子

hé mǎ 河马

在动物园 zài dòng wù yuán 　9

shù
树

tài yáng sǎn
太阳伞

zì xíng chē
自行车

hú dié
蝴蝶

xiǎo lù
小路

nán rén
男人

cháng dèng
长凳

bīng jī lín
冰激淋

shòu huò shǒu tuī chē
售货手推车

nán hái
男孩

lún zi
轮子

niǎo
鸟

wán jù shǒu tuī chē
玩具手推车

10　　在公园　zài gōng yuán

niǎo cháo
鸟巢

qì qíu
气球

qiáo
桥

xiǎo chuán
小船

yán shí
岩石

hú
湖

tiān é
天鹅

fù nǚ
妇女

huā
花

nǚ hái
女孩

gǒu
狗

shù gàn
树

cǎo
草

qiú
球

sōng shǔ
松

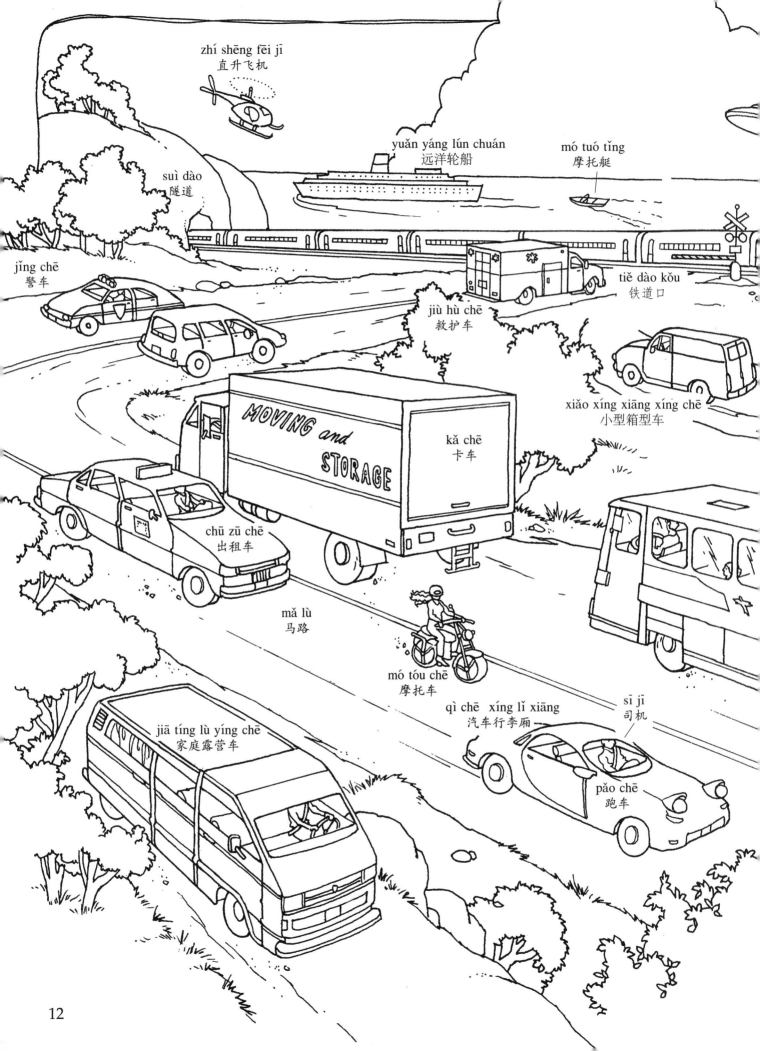

zhí shēng fēi jī
直升飞机

yuǎn yáng lún chuán
远洋轮船

mó tuó tǐng
摩托艇

suì dào
隧道

jǐng chē
警车

jiù hù chē
救护车

tiě dào kǒu
铁道口

xiǎo xíng xiāng xíng chē
小型箱型车

MOVING and STORAGE

kǎ chē
卡车

chū zū chē
出租车

mǎ lù
马路

mó tóu chē
摩托车

jiā tíng lù yíng chē
家庭露营车

qì chē xíng lǐ xiāng
汽车行李厢

sī jī
司机

pǎo chē
跑车

fēi tǐng
飞艇

fēi jī
飞机

chéng shì
城市

fáng zi
房子

huǒ chē
火车

zì xíng chē
自行车

yīng ér chē
婴儿车

hǎng péng chē
敞篷车

gōng gòng qì chē
公共汽车

yǐn qíng gài
引擎盖

lǚ xíng chē
旅行车

dǎng fēng bō li
挡风玻璃

xiǎo xíng kè huò liǎng yòng chē
小型客货两用车

chē tóu dēng
车头灯

lún tāi
轮胎

机动车辆 jī dòng chē liàng 13

míng xìn piàn
明信片

cháng jǐng lù
长颈鹿

qì qíu
气球

jìng zi
镜子

mào zi
帽子

dēng
灯

xiàng piàn
相片

xiàng liàn
项链

zhū bǎo hé
珠宝盒

zhuó zi
镯子

shǒu tí bāo
手提包

tù zi
兔子

qún zi
裙子

wán jù xióng
玩具熊

nǚ chèn shān
女衬衫

lián yī qún
连衣裙

yǐ zi
椅子

14　女孩的卧室　niū hái de wò shì

chuáng
床

ěr jī
耳机

yáng wá wa
洋娃娃

yīn yuè guāng dié bō fàng jī
音乐光碟播放机

shū
书

wán jù
玩具

tú sè běn
涂色本

là bǐ
蜡笔

sī dài
丝带

chōu tì yī guì
抽屉衣柜

cháng wà
长袜

shuì páo
睡袍

chuáng dān
床单

máo yī
毛衣

wán jù wū
玩具屋

tǎn zi
毯子

tuō xié
拖鞋

dì tǎn
地毯

mǎ
马

xiǎo chǒu
小丑

xié
鞋

mǎ chē
马车

xié hé
鞋盒

pū kè pái
扑克牌

xiāng zi
箱子

15

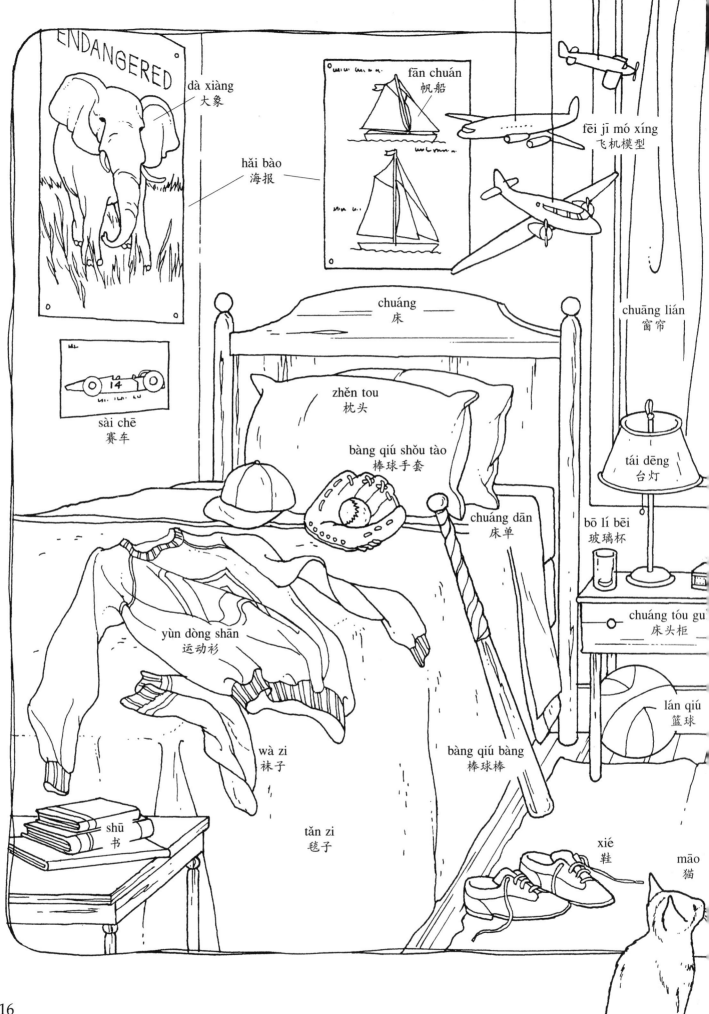

ENDANGERED

dà xiàng
大象

hǎi bào
海报

fān chuán
帆船

fēi jī mó xíng
飞机模型

sài chē
赛车

chuáng
床

chuāng lián
窗帘

zhěn tou
枕头

bàng qiú shǒu tào
棒球手套

tái dēng
台灯

chuáng dān
床单

bō lí bēi
玻璃杯

chuáng tóu gu
床头柜

yùn dòng shān
运动衫

lán qiú
篮球

wà zi
袜子

bàng qiú bàng
棒球棒

shū
书

tǎn zi
毯子

xié
鞋

māo
猫

16

sān jiǎo jǐn qí
三角锦旗

dì qiú yí
地球仪

chuāng hu
窗户

tái dēng
台灯

yī jià
衣架

xī zhuāng
西装

chōu tì yī guì
抽屉衣柜

lǐng dài
领带

shōu yīn jī
收音机

shū zhuō
书桌

dèng zi
凳子

diàn yuán chā zuò
电源插座

yùn dòng xié
运动鞋

qián bāo
钱包

yǐ zi
椅子

dì tǎn
地毯

fèi zhǐ lǒu
废纸篓

男孩的卧室 nán hái de wò shì   17

yìn dì ān rén
印第安人

xiǎo péng chē
小篷车

chuāng lián
窗帘

shū chú
书橱

tú piàn
图片

chuāng hu
窗户

chuāng qián huā cáo
窗前花槽

nán xué sheng
男学生

guì zi
柜子

nǚ xué sheng
女学生

bǐ jì bó
笔记薄

bǐ
笔

bǐ jì běn
笔记本

yǐ zi
椅子

kè zhuō
课桌

shū
书

chǐ zi
尺子

18　教室 jiào shì

zì mǔ biǎo
字母表

zhōng
钟

qí zi
旗子

bù gào lán
布告栏

dì tú
地图

shù zì
数字

hēi bǎn
黑板

nǚ jiào shī
女教师

dì qiú yí
地球仪

hēi bǎn cā
黑板擦

fěn bǐ
粉笔

zhǐ shì bàng
指示棒

jiǎng tái
讲台

fèi zhǐ lǒu
废纸篓

diàn nǎo
电脑

zá zhì
杂志

zhuō zi
桌子

chōu tì
抽屉

zhǐ
纸

qiān bǐ
铅笔

xiàng pí cā
橡皮擦

jiàn pán
键盘

19

zhí wù
植物

chuāng hu
窗户

huà
画

wán jù xióng
玩具熊

chuāng tái zuò wèi
窗台座位

shā fā diàn
沙发垫

diàn shì
电视

shā fā
沙发

lù yīn jī
录音机

jiān guǒ
坚果

kā fēi zhuō
咖啡桌

hú táo jiá
胡桃夹

wǎn
碗

lù xiàng jī
录像机

zá zhì
杂志

zá zhì jià
杂志架

dì tǎn
地毯

yáo kòng qì
遥控器

píng guǒ
苹果

fú shǒu yǐ
扶手椅

lán zi
篮子

zhuō zi
桌子

jìng zi
镜子

shū jià
书架

shū
书

qiáng bì
墙壁

là zhú
蜡烛

shí zhōng
时钟

bì lú
壁炉

dēng
台灯

huā
花

bì lú yòng jù
壁炉用具

zhē huǒ píng
遮火屏

mù tou
木头

huā píng
花瓶

diàn huà
电话

bǐ jì bó
笔记薄

qiān bǐ
铅笔

客厅 kè tīng 21

yù lián gān
浴帘杆

lín yù pēn tóu
淋浴喷头

yào guì
药柜

shuǐ bēi
水杯

huà
画

máo jīn
毛巾

yá shuā
牙刷

shù kǒu shuǐ
漱口水

miàn jīn zhǐ
面巾纸

xǐ tóu shuǐ
洗头水

rùn fū shuāng
润肤霜

cè zhǐ
厕纸

féi zào
肥皂

yá gāo
牙膏

pào mò yù
泡沫浴

xǐ shǒu chí
洗手池

shuǐ lóng tóu
水龙头

lěng shuāng
冷霜

zuò cè
坐厕

yù gāng
浴缸

máo jīn jià
毛巾架

yáng wá wa
洋娃娃

máo jīn
毛巾

guì zi
柜子

fèi zhǐ lǒu
废纸篓

22　浴室 yù shì

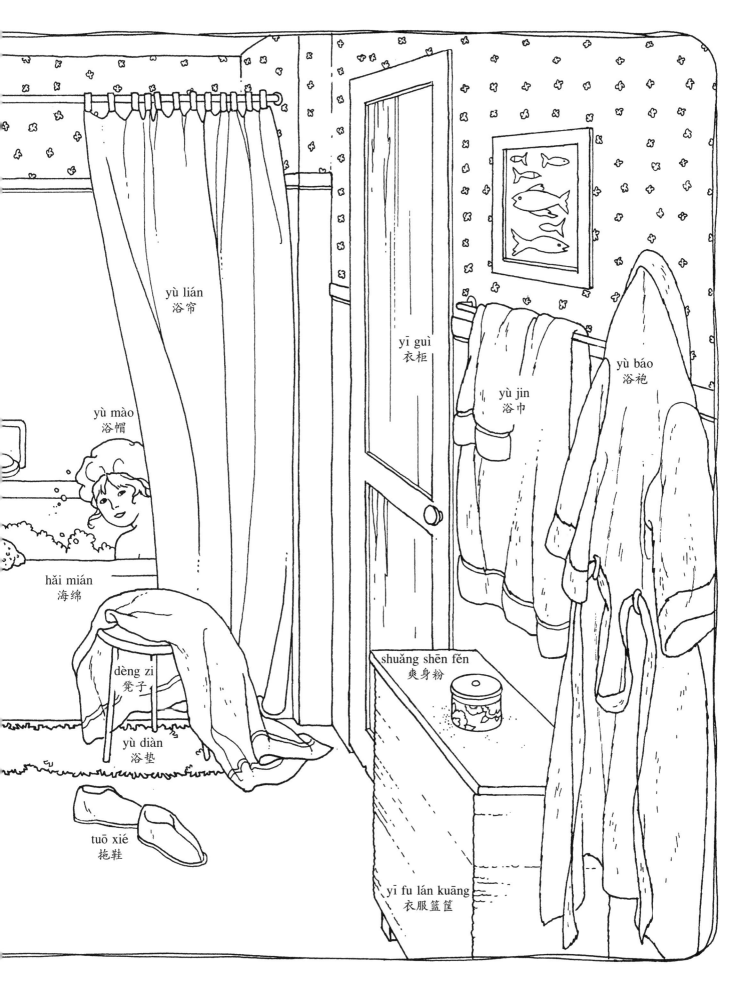

yù lián
浴帘

yù mào
浴帽

hǎi mián
海绵

dèng zi
凳子

yù diàn
浴垫

tuō xié
拖鞋

yī guì
衣柜

yù jīn
浴巾

yù báo
浴袍

shuǎng shēn fěn
爽身粉

yī fu lán kuāng
衣服篮筐

23

pán zi 盘子
wǎn jià 碗架
wǎn guì 碗柜
guà lì 挂历
xiǎo guō 小锅
dà pán zi 大盘子
jiǎo bàn qì 搅拌器
kāi guàn qì 开罐器
xǐ wǎn bù 洗碗布
píng dǐ guō 平底锅
tǔ sī lú 土司炉
guàn tou 罐头
xǐ jié jīng 洗洁精
chú zhuō miàn 厨桌面
hù diàn 护垫
lú tóu 炉头
huǒ lú 火炉
xī guǎn 吸管
kǎo xiāng 烤箱
kǎo bèi xiāng 烤焙箱

24

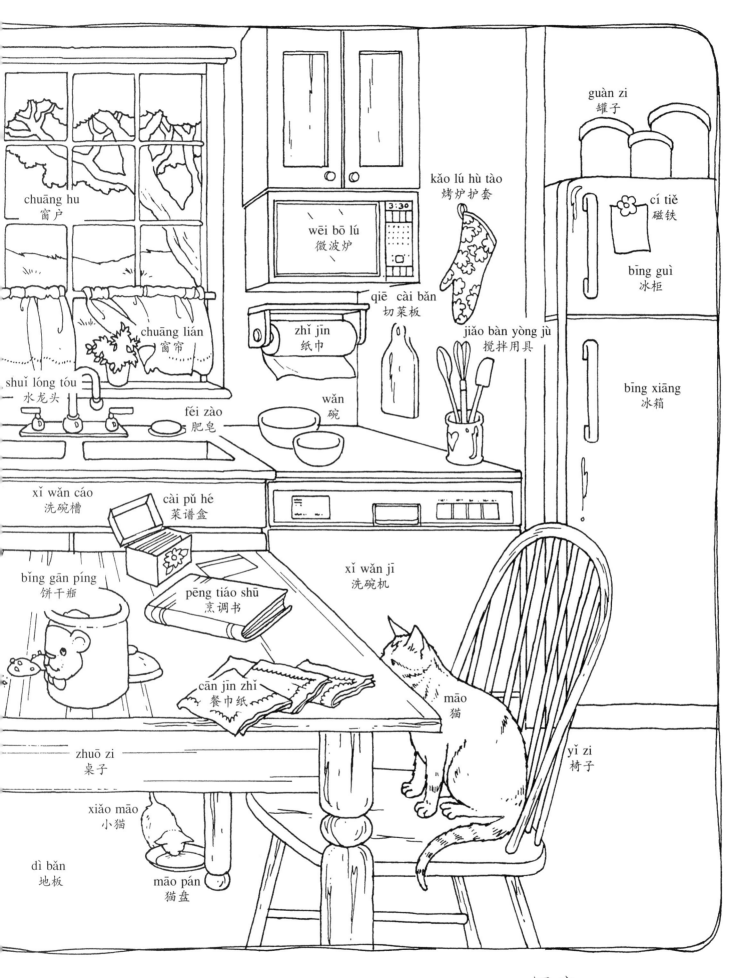

chuāng hu
窗户

chuāng lián
窗帘

shuǐ lóng tóu
水龙头

féi zào
肥皂

wēi bō lú
微波炉

zhǐ jīn
纸巾

kǎo lú hù tào
烤炉护套

qiē cài bǎn
切菜板

wǎn
碗

jiǎo bàn yòng jù
搅拌用具

guàn zi
罐子

cí tiě
磁铁

bīng guì
冰柜

bīng xiāng
冰箱

xǐ wǎn cáo
洗碗槽

cài pǔ hé
菜谱盒

bǐng gān píng
饼干瓶

pēng tiáo shū
烹调书

xǐ wǎn jī
洗碗机

cān jīn zhǐ
餐巾纸

māo
猫

yǐ zi
椅子

zhuō zi
桌子

xiǎo māo
小猫

dì bǎn
地板

māo pán
猫盘

厨房 chú fáng 25

jìng zi 镜子

zhí wù 植物

chú háng 厨房

mǔ qin 母亲

bǐng 饼

zǔ mǔ 祖母

tāng 汤

pán zi 盘子

yán 盐

hú jiāo fěn 胡椒粉

huǒ jī 火鸡

hú luó bo 胡萝卜

miàn bāo 面包

gāo yǐ 高椅

yīng háir 婴孩儿

yǐ zi 椅子

zhuō bù 桌布

dìdi 弟弟

gǒu 狗

26　在晚餐中　zài wǎn cān zhōng

pán zi
盘子

wǎn guì
碗柜

zǔ fù
祖父

fù qin
父亲

shuǐ
水

shā là
沙拉

sháo zi
勺子

cān dāo
餐刀

wān dòu
豌豆

shuǐ bēi
水杯

chā zi
叉子

jiě jie
姐姐

wán jù
玩具

27

biāo zhì
标志

kā fēi
咖啡

huáng yóu
黄油

rén zào huáng yóu
人造黄油

rǔ lào
乳酪

miàn bāo
面包

lěng chī ròu piàn
冷吃肉片

guǒ jiàng
果酱

guǒ zhī
果汁

jī dàn
鸡蛋

tāng
汤

guǒ dòng
果冻

niú nǎi
牛奶

shū
书

zá zhì
杂志

huā shēng jiàng
花生酱

lán zi
篮子

qǔ qí bǐng
曲奇饼

bó cuì bǐng gān
薄脆饼干

shǒu kuǎn jī
收款机

xī yòu
西柚

shōu kuǎn yuán
收款员

bēi xíng dàn gāo
杯型蛋糕

pí bāo
皮包

dà suàn
大蒜

jié suàn tái
结算台

sù liào gòu wù dài
塑料购物袋

yǐn liào
饮料

shǒu tí bāo
手提包

jiàng zhī
酱汁

guàn tou shuǐ guǒ
罐头水果

28

chá yè
茶叶

tiān huā bǎn
天花板

bó cuì bǐng gān
薄脆饼干

lā jī dài
垃圾袋

cān jīn zhǐ
餐巾纸

xī zhǐ
锡纸

hǎi xiān
海鲜

zhǐ zhì pǐ
纸制品

shā là tiáo liào
沙拉调料

bàng chèng
磅秤

guàn tou tāng
罐头汤

cù
醋

shā là yóu
沙拉油

guò dào
过道

miàn bāo
面包

fān qié
番茄

gòu wù chē
购物车

hú luó bo
胡萝卜

níng méng
柠檬

shuǐ guǒ
水果

jú zi
橘子

jiè lán
芥兰

táo
桃

lǐ zi
李子

dòu zi
豆子

píng guǒ
苹果

lí
梨

shū cài
蔬菜

pú tao
葡萄

yáng cōng
洋葱

guǎng gào bǎn
广告板

tián guā
甜瓜

tǔ dòu
土豆

xiāng jiāo
香蕉

méi guǒ
莓果

超级市场 chāo jí shì chǎng　29

yún
云

tóu
头

ěr duo
耳朵

bí zi
鼻子

zuǐ ba
嘴巴

tài yáng mào
太阳帽

hǎi ōu
海鸥

gē bo
胳膊

hǎi yáng
海洋

mǔ zhǐ
拇指

zhǒu bù
肘部

yóu yǒng yī
游泳衣

shǒu wàn
手腕

shǒu zhǐ
手指

yán shí
岩石

niú zǎi kù
牛仔裤

tuǐ
腿

jiǎo gēn
脚跟

xī gài
膝盖

xiǎo tǒng
小桶

jiǎo huái
脚踝

shǒu
手

jiǎo
脚

tóu fa
头发

duǎn kù
短裤

jiǎo zhǐ
脚趾

páng xiè
螃蟹

yǎn jīng
眼睛

liǎn
脸

zuǐ chún
嘴唇

xiǎo chǎn zi
小铲子

bó zi
脖子

xià ba
下巴

bèi ké
贝壳

tuō xié
拖鞋

xiǎo luǎn shí
小卵石

shā zi
沙子

30 在海滩 zài hǎi tān

Alphabetical Word List

bān mǎ 斑马: zebra

bàng chèng 磅秤: scale

bàng qiú bàng 棒球棒: baseball bat

bàng qiú shǒu tào 棒球手套:
  baseball glove

bèi ké 贝壳: shells

bēi xíng dàn gāo 杯型蛋糕: cupcake

bǐ 笔: pen

bǐ jì běn 笔记本: notebook

bǐ jì bó 笔记薄: notepad

bì lú 壁炉: fireplace

bì lú yòng jù 壁炉用具: fireplace tools

bí zi 鼻子: nose

biāo zhì 标志: sign

bǐng 饼: pie

bǐng gān 饼干: cookies

bǐng gān píng 饼干瓶: cookie jar

bīng guì 冰柜: freezer

bīng jī lín 冰激淋: ice cream cone

bīng xiāng 冰箱: refrigerator

bó cuì bǐng gān 薄脆饼干:
  crackers, pretzels

bō lí bēi 玻璃杯: glass

bó zi 脖子: neck

bù gào lán 布告栏: bulletin board

cài pǔ hé 菜谱盒: recipe file

cài yuán 菜园: vegetable garden

cān dāo 餐刀: knife

cān guǎn 餐馆: restaurant

cān jīn zhǐ 餐巾纸: napkins

cǎo 草: grass

cāo chǎng 操场: playground

cǎo dì 草地: lawn

cè zhǐ 厕纸: toilet paper

chá yè 茶叶: tea

chā zi 叉子: fork

cháng dèng 长凳: bench

cháng jǐng lù 长颈鹿: giraffe

chǎng péng chē 敞篷车: convertible

cháng wà 长袜: stockings

chāo jí shì chǎng 超级市场:
  supermarket

chē tóu dēng 车头灯: headlights

chéng shì 城市: city

chí táng 池塘: pond

chǐ zi 尺子: ruler

chǒng wù zhěn suǒ 宠物诊所:
  veterinary office

chōu tì 抽屉: drawers

chōu tì yī guì 抽屉衣柜:
  bureau, dresser

chú fáng 厨房: kitchen

chú zhuō miàn 厨桌面: countertop

chū zū chē 出租车: taxi

chuáng 床: bed

chuáng dān 床单: bedspread, sheets

chuāng hu 窗户: window

chuāng lián 窗帘:
  curtains, drapes, window shade

chuāng qián huā cáo 窗前花槽:
  window boxes

chuāng tái zuò wèi 窗台座位:
  window seat

chuáng tóu guì 床头柜: night table

cí tiě 磁铁: magnet

cù 醋: vinegar

dà pán zi 大盘子: tray

dà suàn 大蒜: garlic

dà xiàng 大象: elephant

dà xīng xing 大猩猩: gorillas

dǎng fēng bō li 挡风玻璃: windshield

dēng 灯: lamp

dèng zi 凳子: stool

dì bǎn 地板: floor

dì qiú yí 地球仪: globe

dì tǎn 地毯: rug

dì tú 地图: map

diàn huà 电话: telephone

diàn nǎo 电脑: computer

diàn shì 电视: television

diàn yuán chā zuò 电源插座:
  electrical outlet

diāo xiàng 雕像: statue

dìdi 弟弟: brother

dòng wù yuán 动物园: zoo

dòu zi 豆子: beans

dú lún chē 独轮车: wheelbarrow

duǎn kù 短裤: shorts

è yú 鳄鱼: crocodiles

ěr duo 耳朵: ear

ěr jī 耳机: earphones

ér tóng yóu lè chǎng 儿童游乐场:
  jungle gym

fà láng 发廊: hair salon

fān chuán 帆船: sailboats

fān qié 番茄: tomatoes

fáng hù zhà lán 防护栅栏: picket fence

fáng zi 房子: house

fēi jī 飞机: airplane

fēi jī mó xíng 飞机模型: model airplanes

fēi tǐng 飞艇: blimp

féi zào 肥皂: soap

fèi zhǐ lǒu 废纸篓: wastebasket

fěn bǐ 粉笔: chalk

fēng biāo 风标: weathervane

fēng chē 风车: windmill

fù nǚ 妇女: woman

fù qin 父亲: father

fú shǒu yǐ 扶手椅: armchair

fú zhuāng diàn 服装店: clothing store

gān cǎo chā 干草叉: pitchfork

gān cǎo fáng 干草房: hayloft

gāo yǐ 高椅: high chair

gē bo 胳膊: arm

gōng gòng qì chē 公共汽车: bus

gōng jī 公鸡: rooster

gōng yuán 公园: park

gǒu 狗: dog

gòu wù chē 购物车: shopping cart

gǔ cāng 谷仓: barn

guà lì 挂历: calendar

guàn tou 罐头: cans

guàn tou shuǐ guǒ 罐头水果: canned fruit

guàn tou tāng 罐头汤: canned soup

guàn zi 罐子: canisters

guǎng gào bǎn 广告扳: advertisement

guì zi 柜子: cabinet

guò dào 过道: aisle

guǒ dòng 果冻: jelly

guǒ jiàng 果酱: jams

guǒ yuán 果园: orchard

guǒ zhī 果汁: fruit juice

hǎi bào 海报: posters

hǎi mián 海绵: sponge

hǎi ōu 海鸥: sea gull

hǎi tān 海滩: beach

hǎi xiān 海鲜: seafood

hǎi yáng 海洋: ocean

hé 河: river

hé mǎ 河马: hippopotamus

hēi bǎn 黑板: blackboard

hēi bǎn cā 黑板擦: blackboard eraser

hòu liáng tái 后凉台: back porch

hóu zi 猴子: monkey

hú 湖: lake

hù diàn 护垫: potholder

hú dié 蝴蝶: butterfly

hú jiāo fěn 胡椒粉: pepper

hú luó bo 胡萝卜: carrots

hú táo jiá 胡桃夹: nutcracker

huā 花: flower

huà 画: picture

huā pǔ 花圃: flower bed

huā diàn 花店: florist shop

huā píng 花瓶: vase

huā shēng jiàng 花生酱: peanut butter

huá tǐng 划艇: rowboat

huáng yóu 黄油: butter

huǒ chē 火车: train

huǒ jī 火鸡: turkey

huǒ lú 火炉: stove

jī dàn 鸡蛋: eggs

jī dòng chē liàng 机动车辆: vehicles

jiā tíng lù yíng chē 家庭露营车: camper

jiān guǒ 坚果: nuts

jiàn pán 键盘: keyboard

jiǎng tái 讲台: teacher's desk

jiàng zhī 酱汁: pickles

jiǎo 脚: foot

jiǎo bàn qì 搅拌器: blender

jiǎo bàn yòng jù 搅拌用具: utensils

jiǎo gēn 脚跟: heel

jiǎo huái 脚踝: ankle

jiào shì 教室: classroom

jiào táng 教堂: church

jiǎo zhǐ 脚趾: toes

jiē dào 街道: street

jiě jie 姐姐: sister

jiè lán 芥兰: broccoli

jié suàn tái 结算台: checkout counter

jǐng chē 警车: police car

jìng zi 镜子: mirror

jiù hù chē 救护车: ambulance

jú zi 橘子: oranges

kǎ chē 卡车: truck

kā fēi 咖啡: coffee

kā fēi zhuō 咖啡桌: coffee table

kāi guàn qì 开罐器: can opener

kǎo bèi xiāng 烤焙箱: broiler

kǎo lú hù tào 烤炉护套: oven mitt

kǎo xiāng 烤箱: oven

kè tīng 客厅: living room

kè zhuō 课桌: desk

kù zi 裤子: pants

là bǐ 蜡笔: crayons

lā jī dài 垃圾袋: trash bags

lā jī tǒng 垃圾桶: garbage can

là zhú 蜡烛: candle

lán qiú 篮球: basketball

lán zi 篮子: basket

lǎo hǔ 老虎: tiger

lěng chī ròu piàn 冷吃肉片: cold cut meat

lěng shuāng 冷霜: cold cream

lí 梨: pears

lǐ zi 李子: plums

liǎn 脸: face

lián yī qún 连衣裙: dress

liáng cǎo cāng 粮草仓: silo

liàng yī shéng 晾衣绳: clothesline

liàng yī jiā 晾衣夹: clothespins

liàng yī gān 晾衣杆: clothes pole

lín yù pēn tóu 淋浴喷头: shower

lǐng dài 领带: tie

líng yáng 羚羊: antelope

lóu dǐng 楼顶: roof

lù 路: road

lú tóu 炉头: burner

lù xiàng jī 录像机: VCR

lǚ xíng chē 旅行车: station wagon

lù yīn jī 录音机: tape deck

lún tāi 轮胎: tire

lún zi 轮子: wheel

mǎ 马: horse

mǎ chē 马车: cart

mǎ lù 马路: road

māo 猫: cat

máo jīn 毛巾: hand towel, washcloth

máo jīn jià 毛巾架: towel rack

māo pán 猫盘: saucer

máo yī 毛衣: sweater

mào zi 帽子: hat

méi guǒ 莓果: berries

mén 门: door

miàn bāo 面包: bread, bread rolls

miàn bāo diàn 面包店: bakery

miàn jīn zhǐ 面巾纸: tissues

mián yáng 绵羊: sheep

míng xìn piàn 明信片: postcards

mó tuō tǐng 摩托艇: motorboat

mó tuō chē 摩托车: motorcycle

mù chǎng 牧场: pasture

mǔ jī 母鸡: hen

mǔ niú 母牛: cows

mǔ qin 母亲: mother

mù tou 木头: logs

mǔ yáng 母羊: ewe

mǔ zhǐ 拇指: thumb

nán hái 男孩: boy

nán rén 男人: man

nán xué sheng 男学生: male student

niǎo 鸟: bird

niǎo cháo 鸟巢: nest

niǎo wū 鸟屋: birdhouse

nèi yī 内衣: undershirt

níng méng 柠檬: lemons

níng méng shuǐ 柠檬水: lemonade

niú nǎi 牛奶: milk

niú zǎi kù 牛仔裤: blue jeans

nóng fū 农夫: farmer

nóng chǎng 农场: farm

nóng shè 农舍: farmhouse

nǚ chèn shān 女衬衫: blouse

nǚ hái 女孩: girl

nǚ jiào shī 女教师: female teacher

nǚ xué shēng 女学生: female student

pán zi 盘子: dishes, plates

páng xiè 螃蟹: crab

pǎo chē 跑车: sports car

pào mò yù 泡沫浴: bubble bath

pén zāi 盆栽: potted plants

pēng tiáo shū 烹调书: cookbook

pí bāo 皮包: pocketbook

píng guǒ 苹果: apple

píng dǐ guō 平底锅: pan

pū kè pái 扑牌克: playing cards

pú tao 葡萄: grapes

qì chē 汽车: car

qì chē xíng lǐ xiāng 汽车行李厢: trunk

qí gān 旗杆: flagpole

qì qiú 气球: balloon

qí zi 旗子: flag

qián bāo 钱包: wallet

qiān bǐ 铅笔: pencil

qiáng bì 墙壁: wall

qiáo 桥: bridge

qiào qiào bǎn 跷跷板: seesaw

qiē cài bǎn 切菜板: cutting board

qīng wā 青蛙: frog

qiú 球: ball

qǔ qí bǐng 曲奇饼: cookies

qún zi 裙子: skirt

rén zào huáng yóu 人造黄油: margarine

rǔ lào 乳酪: cheese

rùn fū shuāng 润肤霜: lotion

sǎ shuǐ tǒng 洒水桶: watering can

sài chē 赛车: racing car

sān jiǎo jǐn qí 三角锦旗: pennants

shā fā 沙发: sofa

shā là 沙拉: salad

shā zi 沙子: sand

sháo zi 勺子: spoon

shā fā diàn 沙发垫: pillows

shā là yóu 沙拉油: salad oil

shā là tiáo liào 沙拉调料: salad dressing

shān dòng 山洞: cave

shān yáng 山羊: goat

shāo kǎo lú 烧烤炉: barbecue

shé 蛇: snakes

shēng cài 生菜: lettuce

shí qiáng 石墙: stone wall

shí zhōng 时钟: clock

shī zi 狮子: lions

shǒu 手: hand

shòu huò shǒu tuī chē 售货手推车: cart

shǒu kuǎn jī 收款机: cash register

shōu kuǎn yuán 收款员: cashier

shǒu tí bāo 手提包: purse

shǒu wàn 手腕: wrist

shōu yīn jī 收音机: radio

shǒu zhǐ 手指: fingers

shū 书: book

shù 树: tree

shū cài 蔬菜: vegetables

shū jià 书橱: bookcase

shū diàn 书店: bookstore

shù gà 树干: tree trunk

shù kǒu shuǐ 漱口水: mouthwash

shù mù 树木: trees

shū zhuō 书桌: desk

shù zì 数字: numbers

shuǎng shēn fěn 爽身粉: bath powder

shuǐ 水: water

shuǐ bēi 水杯: glass